Elisabeth Anton
Felsenfest musst du dastehen
Gedichte

Elisabeth Anton

Felsenfest musst du dastehen

Gedichte

Bibliografische Information der Deutschen Nationalbibliothek:
Die Deutsche Nationalbibliothek verzeichnet diese Publikation in
der Deutschen Nationalbibliografie, detaillierte bibliografische
Daten sind im Internet über http://dnb.dnb.de abrufbar.

Impressum

Copyright © Elisabeth Anton, 2015
Copyright © Cover Gudrun Dietrich
Layout by Gudrun Dietrich, 2015
Alle Rechte vorbehalten.

Herstellung und Verlag:
BoD - Books on Demand, Norderstedt
ISBN: 978-3-73922-571-5

Meiner Tochter Radegunde-Erika zugeeignet

Vorwort

Elisabeth Anton ist am 27. Mai 1949 in Hatzfeld/ Jimbolia (Rumänien) geboren. Sie studierte Germanistik und Romanistik an der Universität Temeswar und arbeitete bis zu ihrer Ausreise im Krankenhaus, im Kindergarten und ab 1975 als Lehrerin in Hatzfeld. Seit 1980 lebt sie in Deutschland.

Das Schreiben von Gedichten war in der kommunistischen Zeit in Rumänien sehr verbreitet, da es den Dichtern als Ort der inneren Emigration dienen konnte. Doch da war jede Zeile suspekt, die auch nur andeutungsweise subversive Inhalte transportieren könnte. Elisabeth Anton hat in dieser Zeit nahezu täglich Gedichte verfasst, denn für sie stellte die Lyrik eine wesentliche Komponente für die Bewältigung des sozialistischen Alltages dar. Ihre Gedichte und auch die Tatsache, dass sie Gedichte schreibt, hielt sie geheim.

Für Elisabeth Anton diente Lyrik stets auch der Lebensbewältigung. Lyrik stellt für sie eine legitime und dankbare Methode dar, um Hoffnungen und Erwartungen, Enttäuschungen und Schmerz zu verarbeiten. Im Mittelpunkt ihres Lebens stand jedoch unentwegt ihr Altruismus, ihre dienende Nächstenliebe, die Sorge um das Wohl ihrer behinderten Tochter und, später, diejenige um ihren an Alzheimer erkrankten Mann, aber auch der aktive und dauerhafte Einsatz, die Nöte der Menschen in ihrer alten und in ihrer neuen Heimat zu lindern.

Elisabeth Anton war stets bescheiden und hat in ihrer Lyrik eher die leisen Töne angeschlagen. Dennoch verfügt sie über eine ausgeprägte Empfänglichkeit für lyrische Momente, was einen echten Dichter ausmacht. Ihr lyrisches Ich erfasst den Augenblick mit einer tiefen Sensibilität und einem Gespür für emotionale Feinheiten. Dahinter verbirgt sich eine ungeheure Verletzlichkeit, die durch die Versprachlichung um Sicherheit ringt und, glücklicherweise, ein Vertrauen in die Macht des Wortes besitzt. Die existentielle Bedrohung durchscheint deutlich in den meisten ihrer Gedichte. Die Auseinandersetzung mit ihren lyrischen Erfahrungen und Experimenten koaguliert bisweilen zu lyrischen "Brosamen", welche eine Verbindung von ästhetischen und ethischen Mustern propagiert. Elisabeth Anton ist sich im Klaren, dass Lyrik einen Ausnahmezustand bedeutet, in dem die Sprache sich verdichtet und Bedeutungen synthetisiert.

Neben Gedichten, in denen sie Alltagsgeschehen und Zeitgeschichte in der alten Heimat verarbeitet, schreibt Elisabeth Anton Liebesgedichte, die eine Transzendenz hin zum Allgemeingültigen aufweisen und sowohl ästhetisch als auch ethisch wertvoll sind. Beim Lesen der Gedichte von Elisabeth Anton wird deutlich, dass die Lyrikerin über einen ausgeprägten lyrischen Impuls verfügt und die besonderen Momente im Leben mit originellem Einfühlungsvermögen erfasst.

Der vorliegende Gedichtband versammelt eine Auswahl sowohl traditioneller als auch moderner Gedichte von Elisabeth Anton.

Herbert-Werner Mühlroth

Fang den Abendwind für mich ein

Wandellauf

Morgenröte
im Salatbeet sitzen glückliche Kröten
irgendwo sind manche Seelen voller Nöten
am Waldrand spielen Hirten auf ihren Flöten.

Sonnenaufgang
der Horizont ein Feuerband, meterlang.
Tautropfen schimmern vom Rebenhang
und meine Seele baumelnd im Wind, Vogelgesang.

Im Tageslicht
voller Hoffnung man Wünsche spricht
manch einer jedoch erfüllt sich nicht.
In der Nacht strahlt neuer Hoffnung Licht.

Abenddämmerung
anzieht die Nacht des Tages Vollendung.
Sonnenuntergang tränkt die Erinnerung
und der Mond zeigt sich in neuer Verlockung.

Ewigkeitslauf
unmerklich nehmen wir es in Kauf:
Die Zeit geht niemals bergauf
in ihrem ewigen Wandellauf.

Fang den Abendwind für mich ein

Fang den Abendwind
für mich ein und leg ihn
in trauter Zärtlichkeit
über mein Gesicht, meine Brust

Dankbar
dass wir mit uns allein sind
und uns schenken Liebe
und leben unsere Sehnsucht

Lass die Nacht
nur uns gehören.
Lass uns vor dieser Liebe
hilflos sein

Lass uns das Glück atmen
und unsere Träume erhören
als wären zwischen Sternenteppich und Horizont
wir allein

Ich streue dir Rosen
über deinen Körper
und versinke
in deiner Umarmung

Wenn unsere Liebe
das Leben umarmt -
Fang den Abendwind
für mich ein

Mein Freund

1.
Im Strom
deiner Alltagsstürme

baust du
mich auf

streust Hoffnung
nur für mich

2.
Räumst
mit aller Macht

die Schattenjahre
meines Lebens beiseite

für mich
unermüdlich

3.
Dass ich
nicht untergehe

ich danke dir
mein Freund

Es wird Herbst

Wenn selbst der Regenbogen
seine Farben verliert

Wenn selbst im Sternenlicht
meine Tränen einfrieren

Wenn selbst ich mein Gesicht
nicht mehr spüren kann

Wenn selbst die Sehnsucht
ihren Urgrund verliert

Dann weißt du
es wird Herbst

Der Regentropfen

Hast du schon mal den Regentropfen gespürt
wenn er dein Gesicht berührt

Wenn er dir über die Stirn rinnt
mit all seiner Behutsamkeit

Die dich sanft streichelt
mit seiner stummen Sanftheit

Wie der Regentropfen
rinnt das Leben in meiner Erinnerung

Herbstvergänglichkeit

Sträucher schweigen
unter dem welken Laub
und alle Baumkronen
sind längst leer

Vergänglichkeit ist nicht blind
und nicht taub
sie sagt dir, dass du gelebt
und was du verloren hast

Der kleine farbenfrohe Strauch
beugt seine Blütenpracht
getränkt in schweigende
Vergänglichkeit

Es ist Herbst
und der Wind verwirbelt
schonungslos
die Blätter

Wie schön doch deine Macht
wo Leben tobt in diesem kurzen
wundervollen Traum

Herbstvergänglichkeit

Diese stille, lautlose Zeit

Der laue Morgenwind
streichelt mein Gesicht.
Die Sterne sind schon
in die Ferne gerückt.
Mich mitnehmen
wollten sie nicht.

Sie ließen mich
bei meinen Sorgen.
Sie ließen mir den Schmerz, das Leid.
Wie gut, dass er mich umarmt,
der laue Morgenwind.
Er weiß, wie sehr ich sie liebe:

Diese stille, lautlose Zeit.

Kurz vor Sonnenaufgang

Regentropfen
schlagen sanft an die Fensterscheiben
wie Kristalle im Licht der Straßenlaterne
erscheinen sie dir

Jeder Ton
als wäre er ein Gruß von dir
jeder Tropfen
als wäre er ein Wort von dir

Ein Zeichen von dir
für meine Träume
wenn meine Gedanken
dir Mond und Sterne schicken

Damit deine Nacht
im Schweigen der Finsternis
dort oben
die Gestirne umarmt

Und damit meine Seele
das Geheimnis
deiner ewigen Nacht berührt
kurz vor Sonnenaufgang

Der Mond

Der Mond war heute Morgen
nur halb
mitten in der großen Baumkrone

Strahlte über die Einsamkeit
in der ich wohne

Der Mond
du siehst ihn auch
von da oben

Die Tür zum Himmel
möge er uns doch irgendwann
aufschließen

Herbstzeit I.

Herbstliche Monotonie
wiegt sich schweigend durch die Baumkronen.
Blätter fallen zur Erde. Welch Farbensymphonie,
kaum noch Vögel in den Zweigen wohnen.

Viele, viele weit nach Süden gezogen,
die anderen kuscheln sich in ihr Nest.
Herbstzeit, all die Farbenpracht hast du aufgesogen,
bunte Wälder vor ihrem letzten Herbstfest.

Alles zieht mit der Zeit und die Zeit zieht mit:
Blütenzauber, Erntedankfest, herbstliche Farbenpracht.
So still nimmt sie alles mit: Es ist Herbstzeit,
wenn sich der Baumkronen Farben lichten, mit wortloser Macht.

Herbstzeit II.

Bunte Blätter fallen zur Erde,
pflastern den Weg der Vergänglichkeit,
bemalen mit herrlichen Farben, das War, das Sein, das Werde.
Welch Pracht, diese farbenfrohe Herbstzeit.

Blätterteppiche, überall zu sehen,
die Natur hat ihre Herbstgalerie vorgebracht.
Bald wird sie schlafen gehen
und schweigend lauschen, der ersten Winternacht.

Baumkronen verlieren ihr Laub,
und die Erde nimmt es dankbar auf.
Doch irgendwann fällt alles zu Staub,
schickt die Zeit deine Jahre zu den Sternen hinauf.

Akazienblütenzauber

Akazienduft
begrüßt den Morgen

Blütenschönheit
strahlt dem Tag entgegen

Gräser duften frisch
für meine Atmung

Natur berührt und
umarmt mich

Mein Herz und der Morgen sind
Akazienblütenzauber

Schließ das Buch meiner Erinnerungen

Schließ das Buch meiner Erinnerungen

Ich sitze schweigend am Brunnenrand,
schaue den fleißigen Bienen hinterher.
Sie können mehr als Menschenverstand
und zaubern zufrieden Honig aus dem Blütenmeer.

Die Katze reckt wonnig sich im Sonnenschein,
der Hund vor seiner Hütte träumt glücklich,
die Tauben gurren zufrieden auf dem Dachstein
und die Rosen duften im Garten heimelig.

Der alte Hofbesen lehnt am Gartenzaun,
die Sense wartet, Klee zu schneiden morgen,
die Kirschbaumkronen, welch Traum:
Meine Heimat, hier war ich geborgen.

Heute ist alles vergessen, vergangen,
verlassen die Heimat, mein Zuhause verfallen.
Schließ das Buch meiner Erinnerungen,
bevor ich um meine Heimat weine.

Dahlien am Gartenzaun

Zwei Kerzen brennen wortlos vor mir
sie schenken Stille und Licht.
Heimat, ich geh durch deine Gassen
nur in Gedanken.

Ich höre ihn noch
den alten, holpernden Pferdewagen,
Dahlien am Gartenzaun blühen bestimmt.
Nur ich sehe sie nicht.

Ich schließe meine Augen
und sehe hinten
am Gartenzaun,
die farbenbunten Dahlien stehen.

Hatzfeld,
du meine Heimat
in einem herbstlich
bunten Farbentraum.

Doch die Erinnerung
hinterlässt Narben.
Es bleiben die Dahlien
am Gartenzaun.

Niemals komme ich los von dir

Niemals
seit ich dein Bild gesehen
komme ich los von dir

Die Trauer
in deinen Augen
von Sehnsucht getragen

Nur dir gehört
jeder Stundenschlag
des Lebens

Weil du ewig
sie ersehnt hast
diese Liebe

Weil du geduldig
gewartet hast
auf diese Liebe

Mit allen Fasern deines Geistes
deines Herzens
deines Körpers

auf diese einzigartige Liebe
deren Pulsschlag
so wundervoll bebt

Dass du gerne gefangen bist
im Taktschlag
ihres Glücks

Niemals
seit ich dein Bild gesehen
komme ich los von dir

Nur ein Kieselstein

Nur ein Kieselstein
bin ich
verloren, einsam
im fließenden Strom

Über mir das Schwert
herzlos, blinder Menschheit
funkelnd
im Sternenlicht

Kann ich
nicht mal schwimmen
nur verharren
im Schmerz meiner Schicksale

Der Strom nahm
den Schmerz nicht mit
gestern nicht
heute nicht

Er lud nur schweigend Moos
auf den Kieselstein

Ohne Heimat

Heimat, wohin bist du entschwunden,
deine Menschen, deine Gassen?
Kein Baum strahlt mehr für mich,
kein Nachbar winkt mehr für mich.

Deine Erde schweigt, deine Häuser weinen
nach den Seelen die einst sie bewohnt.
Auch die Worte in dir sind gestorben.

Um in der Freiheit zu leben
verließ ich dich für eine Freiheit
ohne Heimat.

Dann sei das Ende gekommen

Wieder daheim. So fremd die Gassen.
Der alte Laternenpfahl. Er steht nicht mehr.
Längst vergessen, das Drachen fliegen lassen.
Die Erinnerungen werden zur Qual.

Du meine Heimat, mein Hatzfeld,
du einst so stolze Stadt,
wie fremd ist deine Welt,
wie fremd bist du mir geworden?

All die Häuser ersticken fast im Schweigen.
Die Kirchturmuhr ist unwirklich
und fremd klingt
der Glocken Abendläuten.

Libellen tanzen ihn nicht mehr ihren Reigen
und die artesischen Brunnen sind alle versiegt.
Es hieß, wenn die artesischen Brunnen versiegen,
dann sei das Ende gekommen.

Die Zeit

Die Zeit lebt Vergänglichkeit
mit jedem Augenblick
jedem Atemzug

Die Zeit macht keine Ausnahmen
in ihrem Strom fließt alles
dahin

Du kannst sie atmen
du kannst sie leben
oder vergeuden

In diesem Strom der Leben heißt
reißt ungefragt
sie uns mit

Und wir driften
ungefragt in Richtung
Ewigkeit

Nur im Herzen

Heimat
gibt es nur im Herzen

Heimat
kann all deine Sinne berühren

Heimat
ist die Sprache deiner Wurzeln
der Aussaat
und der Erntezeit

Heimat
ist Geborgenheit in der Erinnerung

Heimat
gibt es letztendlich

Nur im Herzen

Meine Worte

Meine Worte sprießen aus dem Gedächtnis,
suchen ihren Platz, ihre Form, ihren Sinn,
beschreiben Augenblicke und Vermächtnis,
treiben mich mal hierhin und mal dorthin.

Meine Worte streifen immer das Leben,
sie erfühlen es und sie schauen nah und weit,
sie sind mir zur Liebe, zum Glück gegeben
als Wanderstab, der meine Gefühle nicht entzweit.

Vergänglichkeit

Die Erinnerungen verflechten sich
in deinem Lachen, deinem Leid
in deinen Tränen
zu einem gemalten Landschaftsbild

Ein Meisterwerk
in dem die Farben
der gelebten Jahreszeiten
wie ein Uhrwerk ticken

Alle Kränze welken
lässt
Vergänglichkeit

Ave Maria

Augenblick
wie bist du mir treu
du trägst mich
du verstehst mich

Du hüllst mich ein
beschützt mich
du gibst mir viel
du nimmst mir alles

Du bist meine Freiheit
ohne Grenzen
wenn meine Gedankenwelt
deinen Reichtum spürt

Du bist Siegel und Stempel
meiner Zufriedenheit

Wenn ich in Richtung Ewigkeit
voller Dank ein *Ave Maria* verkünde

Was Geborgenheit ist

Heimat, dieses Stück Erdkugel
wo die Sterne dir ihr eigenes Licht schenken
wo jeder dich kennt
und Blumen dich am Morgen begrüßen
wo Gassensteine
voller Liebe deine Schritte tragen
wo Häusergiebel dich beschützen
vor Regen und Wind
Heimat, jenes Stück Erde
wo du erlebtest
was Geborgenheit ist

Heimat. Es war einmal

Heimat, wo bist du hin, verschwunden
deine Menschen, deine Gassen
in den Wirbelstürmen der Geschichte?
Kein Baum strahlt mehr
kein Nachbar winkt mehr
deine Erde schweigt
deine Häuser weinen
nach den Seelen
die einst sie bewohnt.
Einsamkeit überallhin gestreut.
Heimat. Es war einmal.

Mein Hatzfeld, deine letzte Seite blieb leer

Wieder daheim: So fremd die Gassen.
Der alte Laternenpfahl, er steht nicht mehr.
Und Drachen fliegen lassen
ist längst vergessen.

Du, mein Hatzfeld,
du einst so stolze Stadt,
fremd bist du mir geworden,
fremd - eine andere Welt.

Deine Häuser ersticken fast im Schweigen
und fremd klingt der Glocken Abendläuten,
Libellen tanzen nicht mehr ihren Reigen
und die artesischen Brunnen sprudeln nicht mehr.

Und keine Kutsche mehr fährt die Braut zur Kirche,
die Kirchenglocken sie rufen nicht mehr.
Wieder daheim: Mein Hatzfeld,
deine letzte Seite blieb leer.

Vom Regenbogen getragen

Wortlos im Traum berühren

Deine Liebe leben, fühlen
und tief spüren, dein Begehren
Altern in deinen Armen, fühlen
ohne mich je dagegen zu wehren

Ich möchte deine Sehnsucht sein
die Liebe, jede Nacht, von uns ersehnt
Altern in deinen Armen, mein Dasein
wenn ich leise deinen Namen erwähnt´

Mein Leben in deiner innigen Umarmung
immer wieder Deine Liebe zu spüren
Diese Sehnsucht zu leben ist Vollendung
wenn wir uns wortlos im Traum berühren

„Raritäten"

Für „den ersten Eindruck", da gibt es keine zweite Chance.
„Der Zufall", er kennt kein Gewissen,
„verflossene Augenblicke", sie bleiben ohne Revanche,
es gibt keinen Ersatz für „echtes Daunenkissen".

Das „ewige Grün", es gehört dem Tannenbaum,
„Sehnsucht", sie bringt das Herz in Not,
welch „Wunder", wenn er sich erfüllt, „dein Traum",
„die Liebe", allein, nur sie überdauert ihn, „den Tod".

Emotionale Intelligenz

Was versteht man schon unter Kompetenz?
Muss ich da nicht ganz früh, im Elternhaus, beginnen?
Die Kompetenz verabscheut nicht die Reverenz,
weil Befugnis und Ehrerbietung gerne ineinander spinnen.

Die hohe Kunst der Methoden muss ich preisen!
Nur „Menschsein" ist schwer zu erlernen, ganz schwer.
Was kann man eigentlich beweisen,
wenn die Methoden da und dahinter kein Mensch mehr?

Kommunikationsfähigkeit und soziale Kompetenz
sind Theorien von jedem von uns wohl erlernbar,
aber wohltuend effizient ist doch eine Referenz,
die klar und deutlich aussagt, wo in dir der Mensch war.

Egal, in welchen Bereichen des Alltags du dich bemüht,
den Menschen zu achten, zu verstehen, sei stets deine Präferenz!
Noch nie hat eine Methode tiefer ins Herz gewühlt,
als wenn du Menschlichkeit gewählt als emotionale Intelligenz.

Nur so

Du bist
nur noch ein Bild
in meiner Hand

Ich lese darin
aus dem Buch
unseres Lebens

Und ich verweile
auf jeder Seite
da wir uns nahe waren

Nur so
bin ich dir noch nahe

Nur so
kann ich noch sein

Mein Engel

Du hast mich wieder ins Leben geholt.
Mir bedingungslos dein Vertrauen geschenkt.
Mir deine Liebe zu Füßen gelegt.
Mir mit dem Seidenteppich zwischen deinen Zeilen
deine ganze Sehnsucht offenbart
dein ganzes Leben vor mir entblößt.

Ich glaubte auf Wolken zu schweben
in einem wunderschönen Traum.
Doch es war die Magie dieser Liebe im Schweigen
die tiefste Erfüllung des Geheimnisses
dieser Gefühle, die für die Ewigkeit bleiben.
Dafür danke ich dir, mein Engel!

Auch dich

für meine Tochter Radegunde-Erika

Für dich befestige ich zum Frühstück
die Sonne am Horizont

Eine Rose nur für dich
lege ich auf die alte Untertasse

Für dich lass ich zum Frühstück
Umarmungen regnen

Damit sie Gefühlsfäden
in den Blütenkranz flechten

Damit auch deine Sehnsucht
Erfüllung findet

Und damit du weißt
jemand liebt

Auch dich

Mein Gedicht

Die Idee
Der Gedanke
Das Wort
Der Satz
Die Zeilen
Komma, Punkt
Das Gedicht

Ich steh, ich geh
Ich wanke, ich danke
Mein Wort
Mein Satz
Meine Zeilen
Komma, Punkt
Mein Gedicht

Der Satz des Pythagoras

Ich träume mich nach Hause,
sitze am Fenster, wie zu meiner Schulzeit.
Meine Erinnerung kennt keine Pause
denke ich an die Vergänglichkeit.

Eines gefiel mir schon immer:
Zu reimen, schreiben, kombinieren.
Diese Stille, meiner Großeltern Zimmer,
da konnte ich das Leben subtrahieren und multiplizieren.

Der Satz des Pythagoras
war für mich immer Grund zum Vergleich.
Daran hätte der große Meister nie gedacht,
dass jemand davon so begeistert und verrückt zugleich.

Ich belege die beiden Katheten
mit Verstand, Vernunft und mit Herz,
ich lasse sie miteinander schmusen, reden, beten:
So wird Hypotenuse zum Charakter, ohne Scherz.

So setzte ich Vernunft, Herz und Verstand
wie oft auch ähnliche Sachen
in Relation zu Kopf und Hand.
Lass den Satz des Pythagoras einfach krachen!

„Das Hypotenusen-Quadrat
ist die Summe der beiden Katheten-Quadrate".
Ja, der Charakter, auch er seine Summe hat,
vor allem, hebt er Herz und Geist zum Quadrate.

Vom Regenbogen getragen

1.
Niemand merkte
wie einsam
das Kind war

Niemand merkte
wie wissbegierig
das Kind war

Niemand merkte
wie es das Leben in sich aufsog
wie es lernen wollte vom Leben

Niemand merkte
die Güte und Größe
seines Herzens

Niemand merkte
dass es vom Regenbogen
getragen wurde

2.
Stattdessen
begegneten ihm von allen Seiten nur:
Engstirnigkeit
Verbohrtheit
strohdummes Gerede
geistige Beschränktheit
und wahre Idiotie

3.
Das Kind aber merkte:
In Wahrheit seid ihr behindert
weil ihr nicht sehen könnt

Das Kind aber merkte:
In Wahrheit seid ihr benachteiligt
weil ihr nicht ahnen könnt

Das Kind aber merkte:
In Wahrheit seid ihr zu bedauern
weil ihr nicht vom Regenbogen getragen werdet

Nur du weißt es nie

1.
Wenn der Himmel
seine Wunder verteilt

Weiß er immer
warum

2.
Wenn Zufälle
deine Tage erfreuen

Wissen sie immer
warum

3.
Warum
etwas geschehen

Nur du allein
weißt es nie

**Vergänglichkeit nimmt des Herbstes
Schönheit mit**

Sträucher schweigen unter dem welken Laub
längst sich alle Baumkronen entleert
Vergänglichkeit, sie ist nicht blind, nicht taub
sie zeigt, was du gelebt, was entbehrt

Der kleine Strauch, überladen von Blätterpracht
farbenfroh, getränkt von schweigender Herbstzeit
Vergänglichkeit, was hat sie eine Macht
Baumkronen welken, Blätter sterben in Schönheit

Der kleine Strauch, er trägt die ganze Last
der Wind verwirbelt rücksichtslos das bunte Blättermeer
kein einziges Blatt mehr der Baumkronen Gast
Vergänglichkeit überall, ob Baumkronen blühend oder leer

Dort, dort legt sich das letzte Blatt
zu den anderen. Die Bank, so einsam unter dem Baum
Vergänglichkeit, welch Schönheit deine Macht hat
wo Leben tobt, in diesem kurzen, wundervollen Traum

Auch deine Waage pendelt sich mal ein

Für meinen Mann Helmuth-Karl

Wenn du denkst
es wird nie mehr Licht
wenn du glaubst
die Dunkelheit weicht nie

Gib nicht auf
denn irgendwann
gibt es einen neuen Weg
ein Licht voller Hoffnung

Ein Ziel, das dich für alles belohnt
entschädigt, tröstet
weil du stark warst und
stand gehalten hast dem Leben

Irgendwann schafft das Leben
seinen Ausgleich
irgendwann wirst du verstehen
warum deine Wege ihre Ziele haben

Ganz zum Schluss wirst du erkennen
dein Leben ist wieder im Gleichgewicht
denn auch deine Waage
pendelt sich mal irgendwann ein

Das wollte ich schon immer

Ich wollte nie reich sein
nie bekannt werden für die Welt
keine Prinzessin sein
als ich ein Kind war
wollte nie in einem Schloss wohnen
nie Macht besitzen
über Frieden und Krieg

Ich wollte, immer schon
nur Zeit haben
um die Blütenkelche
zu streicheln
dem Summen der Bienen
lauschen können
und die Schwalbenkinder bewundern

Ich wollte, immer schon Zeit haben
den Sonnenaufgang
durch das Spinnennetz zu bewundern
ich wollte, immer schon Zeit haben
unter blühenden Bäumen zu liegen
und ihre Schönheit einatmen
wenn ihre Düfte mich umarmend einhüllen

Ich wollte, immer schon Zeit haben
wenn das frische Grün des Klees
nicht vernachlässigt werden will
wenn der Hahn seinen Morgengruß in den Tag kräht
dass alle Fasern meines Körpers
diese Wunder dankbar genießen dürfen

Das wollte ich schon immer

Felsenfest musst du dastehen

Das Kalenderblatt

Jeden Morgen
schiebt die Zeit sich vor mich
und ich blicke wie durch ein Fenster
in die Vergänglichkeit

Jeden Morgen
hör ich bereits die Abendglocken
und Vergänglichkeit herrscht
als würde die Ewigkeit den Augenblick verführen

Jeden Morgen
durchzieht mein Leben bis zum Sonnenuntergang
und am Abend wende ich dann
das Kalenderblatt

In Richtung Ewigkeit

Die Regentropfen glitzern
an den Birkenzweigen

Sturm und Regen beben
eine eisige Melodie

Tage die sich stumm
zur Vergänglichkeit neigen

Ohne deine Umarmung
friere ich ein

Winterstürme küssen
die Baumkronen

Und das Leben
gleitet in Richtung Ewigkeit

Dein Bild

Dein Bild vor mir
Blicke schreiben ihre Zeilen
als ob ein ganzer Roman von dir
seine Seiten, tief in mir verweilen

Noch einmal schau ich hin
dein Gesicht, deine Augen zu sehen
Tränen ersticken mir Augenblick, Sinn
Ich weiß, du wirst weitergehen…

Felsenfest musst du dastehen

1.
Auch wenn brüchig
die Kraft

auf die Probe gestellt
deine Ziele

und die Macht der Entscheidung
nur ein taumelndes Licht

2.
Weil immer du
nur gegeben

weil immer du
geglaubt hast

an die Menschengüte
an die Liebe

3.
Unser Leben
löst sich auf

im Sekundenschritt
deshalb

felsenfest
musst du dastehen

Die Geige weinte

Die Geige spielte nur für mich
die Geige weinte als sie meine Tränen sah
die Geige weinte nur für mich

Die Geige wollte mich in Träumen wiegen
damit ich vergessen kann und
meine Kraft nicht verliere

Die Geige spielte ihr schönstes Lied
damit ich Licht sehen kann
da in mir überall nur Finsternis war

Die Geige wollte deine Tränen weinen
damit du weit fliegen kannst
und sie dir die Last abnimmt

Die Geige wollte dir sagen
vergiss alles was dir den Atem nimmt
was deine Hoffnung erstickt

Die Geige wollte dir sagen
dass dein Traum
dich tragen wird

Die Geige weinte
damit dein Morgen
wieder voller Hoffnung ist

Damit das Leben nicht erstickt

Wenn du siehst
dein Leben rennt
die Jahre fliegen
als ob getrieben

Wenn dich selbst ein alter Weggefährte
nicht mehr erkennt
musst du dich fragen
was ist dir noch geblieben

Dann musst du innehalten
stehen bleiben zwischen Zeit und Augenblick
um zu erkennen die Vergänglichkeit
und keiner bringt dir das Vergangene zurück

Du musst stehen bleiben
und die Erinnerungen streicheln
du musst mal wieder leben
damit das Leben nicht erstickt

Deine Reise

Die Nacht, sie geht so majestätisch leise,
sie nimmt alle Träume, all ihren Zauber mit.
Der Tag, er steigt am Horizont, so weise,
zeigt uns der Zeit, des Lebens stiller Schritt.

Unaufhaltsam gleiten die Stunden,
Augenblicke schwinden, verschluckt vom Himmelszelt.
Das Leben streut Glück, Freude, Schmerz und Wunden,
zeigt uns, unbarmherzig, wie schnell alles steigt und fällt.

Die Zeit, welch grausame Tyrannei,
sie wandelt, nimmt alles mit, unbarmherzig, still und leise.
Der Zeit ist dein Leben einerlei.
Du musst deine Wege gehen, dies ist deine Reise!

Irgendwann

Manchmal gewinnt man Hoffnung
wenn auch verloren das Spiel

Manchmal ist Hoffnungslosigkeit
wiewohl gewonnen, am Ziel

Das Leben streut seine Chancen
in aller Buntheit

Mal ist Sonnenaufgang
mal ist Donnergrollen

Mal ist Sieg und Ruin
zugleich

Doch irgendwann
gibt es auch Licht

Wenn die Finsternis
auch für dich

Ihr funkelndes
Sternenmeer umarmt

Der letzte Vorhang

Wenn dir irgendjemand
all deine Sinne benebelt
dass du nichts mehr erkennst
um dich herum

Wenn dir irgendjemand
dein eigenes Ich stiehlt
und um dich herum
sind nur noch Schatten

Wenn alles, was jemals
für dich Wert besaß
ab nun vogelfrei
geworden ist

Und dennoch
tief in deiner Seele
bleibt, bis zuletzt
dieses eine Gefühl

Die Liebe, die du,
zwar grausam schwankend
dennoch spürtest
bis über dein Leben

Der letzte Vorhang fiel.

Man muss sich auch mal verlaufen

Man muss
sich auch mal verlaufen
im Labyrinth
von Alltag und Jahreszeiten
um wieder mal
zu erleben, sehen
wie wohltuend
ein kleines Glück ist

Manchmal muss
man stehen bleiben
damit man
ihn spüren kann, den Augenblick
Leben sehen
damit es nicht
stumm und still
von dannen zieht

Man muss mal
stehen bleiben
um die Schönheiten
des Lebens zu preisen

Und um das kleine Glück
nicht zu übersehen
muss man
sich auch mal verlaufen

Der Strom

1.
Die Nacht war so einsam
ohne dich

die Zeit, so unerträglich
ohne dich

der Augenblick gequält
ohne dich

2.
Weil ich
zurückgeblieben

im Strom
der Vergänglichkeit

der nicht fragt
nach Leid

3.
Der nicht schaut
wie groß das Tränenmeer

er schreitet
unaufhaltsam weiter

dieser Strom
der Vergänglichkeit

Fusseln auf dem Anzug

Zu allen Zeiten, ob im Krieg oder im Frieden
heucheln sich die Mächtigen
durch ihre Unehrlichkeit.
Tun alles für ihr Luxusdasein,
es interessiert sie nicht
dass Kinder, Alte hungern, weinen,
dass für Millionen Tote
Billionen Tränen schon geweint.
Die Mächtigen urteilen
über Leben, Freiheit und Tod,
über Hunger und Durst,
über die Waisen und über die Heimatlosigkeit,
dulden Völkerwanderungen
in unvorstellbaren Dimensionen
und mit unvorstellbarem Leid
Sie zerreißen die Welt,
ohne mit der Wimper zu zucken.
Am Abend dann, wenn sie auf dem Bildschirm
die Nachrichten verfolgen,
wedeln sie die Fusseln
mit einer eleganten Handbewegung
von ihrem Anzug weg.

Nur die Liebe

Die Liebe
hat die Macht
alles zu erreichen
alles zu besiegen
alles zu verstehen
alles zu geben
alles zu verzeihen
alles zu gewinnen
und alles zu verlieren

Inhaltsverzeichnis

Fang den Abendwind für mich ein   11

Wandellauf	13
Fang den Abendwind für mich ein	14
Mein Freund	15
Es wird Herbst	16
Der Regentropfen	17
Herbstvergänglichkeit	18
Diese stille, lautlose Zeit	19
Kurz vor Sonnenaufgang	20
Der Mond	21
Herbstzeit I	22
Herbstzeit II.	23
Akazienblütenzauber	24

Schließ das Buch meiner Erinnerungen   25

Schließ das Buch meiner Erinnerungen	27
Dahlien am Gartenzaun	28
Niemals komme ich los von dir	29
Nur ein Kieselstein	31
Ohne Heimat	32
Dann sei das Ende gekommen	33
Die Zeit	34
Nur im Herzen	35
Meine Worte	36
Vergänglichkeit	37
Ave Maria	38
Was Geborgenheit ist	39
Heimat. Es war einmal	40
Mein Hatzfeld, deine letzte Seite blieb leer	41

Vom Regenbogen getragen   **43**

Wortlos im Traum berühren   45
„Raritäten"   46
Emotionale Intelligenz   47
Nur so   48
Mein Engel   49
Auch dich   50
Mein Gedicht   41
Der Satz des Pythagoras   52
Vom Regenbogen getragen   53
Nur du weißt es nie   55
Vergänglichkeit nimmt des Herbstes
Schönheit mit   56
Auch deine Waage pendelt sich mal ein   57
Das wollte ich schon immer   58

Felsenfest musst du dastehen   **59**

Das Kalenderblatt   61
In Richtung Ewigkeit   62
Dein Bild   63
Felsenfest musst du dastehen   64
Die Geige weinte   65
Damit das Leben nicht erstickt   66
Deine Reise   67
Irgendwann   68
Der letzte Vorhang   69
Man muss sich auch mal verlaufen   70
Der Strom   71
Fusseln auf dem Anzug   72
Nur die Liebe   73